JN411111

거제도 시편

정경미 시집

문학의전당 시인선
163

거제도 시편

정경미 시집

문학의전당

시인의 말

무당벌레 등판에 무지개 새기듯
설렘으로 시작하여
한 권의 두려움을 엮었다.
지난여름 여든을 넘기신 엄마 손톱에
봉숭아 꽃물을 들였다.
얼마나 더 꽃물을 들일 수 있을지……

물든다는 것은 회귀다.

2013년 가을
정경미

차례

제2부

제3부

제4부

제1부

거제도 해맞이

마른 땅이 꿈틀거리는 아침
거제도를 펼치자
붉은 소망 하나 솟아오른다
툰트라에서 몸부림치던 핏덩어리
요란한 어둠을 뚫는 동안
며칠째 야윈 몸살은
분홍빛 잇몸에 젖니로 벙글어진다
파가니니 선율에 실린
휴화산
지평선으로 떠올라
깎아지른 벼랑이 솟구치고
순한 물굽이 돌아 돌아 열린다
가파른 잿빛 계단 사라지면
타오르는 동쪽 바다 다박솔
해마다 제 몸통만 굵어간다
홍매화 터지는 소리
외도 허리를 감아올릴 때
창문에 매달린 때까치 눈망울

북소리 되어 울려 퍼진다

갇혀 있던 그대 목소리 길을 나선다

그날의 거제대교

거센 바다에 에워싸여
비바람 견뎌온 거선(巨船) 한 척
서자처럼 비껴 앉아
견내량 초입에서 바라보는 육지는
손잡지 못하는 그리운 땅이었다
일천구백칠십일 년 사월 팔 일 열두 시
우리의 할머니 어머니 아버지
동네 어진 짐승들까지
만국기 손에 들고 바다 위를 걸었다
고립된 삶은 끝이 났고
세상으로 이어주는 그대 등판은
우람한 거제의 관문이었다
긴 팔은 뭍의 땅내를 움켜쥘 수 있었고
물목으로 뻗어 내린 근육질의 허벅지는
허기진 경제를 살찌우며
메마른 문화를 꽃피게 한 전령사(傳令使)
임진의 승전 북소리 흐르는
바닷길이 놀라 꿈틀거렸다

급변하는 회오리 물결 속에 편승한 그대는
거제 발전의 원동선이었고
발아가 시작되는 텃밭이었다
잊혀져가는 그대 이름
회색필름 속에서 불러내어
그날의 기억 한 장씩 펼쳐놓는 동안
멀리 거가대교 불빛이
대금산 넘어와 폐왕성 어깨에 내리꽂힌다

거제도 아리랑

칠석날 해금강 기슭에서
파도가 흰 두루마기로 갈아입으면
허기진 하현달 삭망을 꿈꾸고
소용돌이치는 무대 위에
사자바위 춤사위를 펼친다

발목 휘감는 몽돌밭 숨결이
해안선을 게워내면
구름이 실어 나르는 갯내는
부푼 적막을 퍼 올리고
물살을 깎아 만든 둥근 흑진주
눈썹이 시리다

외도가 눈부시게 유혹하고
겨울 없이
수평선 조율하는 갈매기의 꿈
칠백 리 물굽이 돌리자
신들린 별살의 추임새는

옥포대첩 용마루를 오른다

골리앗 크레인 날카로운 입질에
조선소 정오가 구워져 나오면
팔색 무지개 피우는 용접공의 불티
일천 송이 동백 얼굴 터트리는 사이
어진 대소병대도 부풀어 오른다

거제의 목청이 계룡산 어깨를 넘어간다

가라산 고로쇠

비단결로 휘어진 산길 오르며
악성 빈혈 앓는
C형 하늘이 산허리에 나부낀다
고로쇠나무 팔뚝을 건너오는
아코디언 소리에
출렁이는 음표가 봄을 키우자
고지혈 심장 속으로 사랑을 주입한다
피돌기가 밀려 나가고
알부민으로 비대해진 세상은
거품처럼 빠져나온다
긴 어둠 밀어내는 물관의 펌프질에
혈전을 녹이는 땅내가
비지땀 흘리며 용수초를 피워 올린다
수혈 받는 탑포리 햇살이
봄빛 헤집고 다니는 동안
헤모글로빈 무성한 식탁은
연두 풀밭으로 출렁인다
학동으로 흘러가는 힘찬 강물은

스팸문자 풀어 수액을 송출하는 동안

거제는 지금

봄 푸는 중

대금산 봄빛

대금산이 신명난 부채춤 펼치면
칠백 리 굽이도는 진달래 일가(一家)
이수도를 숨차게 건너온다
오천 평 물들이는 붉은 숨결에
쪽빛 춤판이 어우러지면
시샘하는 바다안개 산허리 오르고
잠든 땅내 흔드는 낭자한 소문
외포리 앞 바다 번져와
상군(裳郡)*은 애기분홍빛으로 타오른다
산 그림자 얼비치는 숭어 등판에
살 오른 꽃무늬 피어나
거가대교 옆구리로 노을빛 부풀고
술렁이는 꽃사태 무르익는다
옥포대첩 탑머리에 나부끼는 화관무
눈부시게 이글거리면
바다를 용접하는 노역의 불꽃은
멀리 화도(花島)의 눈망울을 깨운다
꽃등에 실려 온
비익조 한 마리 섬을 박차고 날아오른다

---

* 문무왕 17년, 거제도가 '넓은 바다 위에 떠 있는 아름다운 섬'이라 하여 상군이라 불렀다.

계룡산에서

그대 눈빛 속에 타오르는 불꽃
고현만을 살찌운다
뭍으로 올라온 용의 꼬리
다도해를 키우며
수천 생애 묵언수행하고
편백 그림자 속에 잠긴 의상대
종일 바다의 소리를 길어 올린다
우거진 역사 펼쳐진
거북바위 정수리에
중심 하늘을 풀어놓으면
수평선 끌고 오는 가조도 노을은
앞산 이마에서 번득인다
새끼 호랑이 수염 나부끼는
7부 능선 등판에서
칠백 리 풍문을 교신하자
동해바다 작은 섬 독도는
남쪽으로 귀를 세운다
해묵은 포로수용소 통신대가

평양 향해 푸른 깃발을 올리는 사이
우렁찬 함성 기름지게 휘날린다

포로수용소 1

잿빛 벽화에서
마른 눈물 떨어진다
북한군 45사단 눈알이
철조망 뚫고 나와 굴러다니고
링거병 등잔 아래
날아오르는 이데올로기
어두운 하늘 베고 누워 있다
디오라마관 에워싼 적막이
계룡산을 덮칠 때
도드 장군 워커소리
MP다리 난간에 쌓인다
칼막스의 붉은 이념 몸부림치고
검독수리 눈빛 타올라
핏발 선 망루는 해를 삼킨다
검은 천막 아래 깔린 포로들
수북이 절벽을 오르고
눈보라에 빠진 길은 목이 잘려 뒹군다
밀납병 총구가 자유를 향해

묵은 자정을 난사하자
눈썹달이 막사를 일으켜 세운다

포로수용소 2

그대는 이름 없이 나부끼는 철모다

철모광장 정수리에
얼어붙은 함성 내리꽂히면
거대한 무덤 혀를 내민다
사내는
밥그릇이 된다
세숫대야가 되고
총알받이가 된다
변기통이 되는 사내들
비옷이 된다
어머니가 되는 울음통

빈 포대기 업고
삼팔선 넘는 동안
아기 울음
소리의 뼈 되어
아흔 평생

피멍울 박혀 쓸쓸하다
연합군 깃발이 계룡산에 걸리자
맥아더의 푸른 선글라스
전쟁의 마침표를 찍는다
철조망 끊어지는 사이
그날의 폭풍 잠들고
탱크전시관 머리 위에
멧비둘기 한 쌍 군번 외치며 날아간다

포로수용소 3

독봉산 곳수염 아래
숨죽인 제80수용소
암고양이 무리 지어 하늘을 할킨다

야전병원 옆구리
여자 포로의 막사
프롤레타리아 꽃 무르익어
붉은 빗소리 철조망 넘나든다
깨어진 사상을 조율하는
허리 꺾인 대동강
울부짖는 그림자가
가시 발톱으로 허공을 오른다

망루에 걸린 노을빛이
국방색 필름을 돌리면
7부 능선에 걸린 땅거미
깊은 시름 토해내고
충혈된 수월리 별살은

긴 머리칼 휘날리며
절여진 혁명을 풀어헤친다
녹슨 철모 속에는
한국전쟁의 상처가
아직
살아 숨 쉬고 있다

그 옛날 MP다리

잿빛 난간으로
황색 견장 두른 헌병은 보이지 않고
강은 쓰린 물살로 흐느낀다
은어 떼는 어망 속에서
자갈 머금은 서러움 토해내면
죽어가는 매립지에
숨죽인 어둠이 흐르고
붉은 깃발은 포구 허리에 걸려
혁명을 세우지 못하고 쓰러진다
자유를 펴 올리는
떠돌이 살별 속에서
깊은 자정이 비지땀 흘리며
포로들의 꿈을 깁는 동안
아득한 뚝섬에는
도드 장군 눈빛이
이른 새벽을 토막토막 잘라낸다
멈춰버린 그믐달이
시린 하늘에 박힌 못들을 뽑을 때

별은 잠든 교각 위에서 부서진다

1950년대 MP다리(거제시 연초면 연사리)

해금강 1

바람이 파도를 견인하는 무인도
침묵으로 궁궐 몇 채 쌓아 올린다
수려한 비경에 세월이 비껴가고
주인은 오직 흰 갈매기와
다박솔
의연한 기상이 그대 품에 깃들면
사자바위 갈기 세워 비상을 꿈꾼다
아찔한 바람눈이 공중제비를 넘자
절벽 거슬러 오르는 찬란한 눈빛들
하늘과 바다 경계에서
짙푸른 역사를 다시 펼친다
선구자 합창이 갈곶이 앞바다에 출렁이고
바위마다 입질하는 전설은
깊게 뿌리 내린 돌섬을 에돌아 나간다
대평원 위에 우뚝 솟은 바위 성(城)
수천 생 살아온 십자동굴의 심장이
새벽마다 물살 깨워 뭍의 풍문을 타전하면
유람선에 실려 온 수평선은

큰 바위 얼굴을 암벽마다 새긴다

해금강 2

바다의 대서사시가 펼쳐지는 곳
그대 이름은 해상공원 1번지
수백 권 서책으로 엮어도 아쉬운 이야기가
날숨을 쉬고 있다
칠백 리 섬을 에돌고 돌아
끝나지 않는 쪽빛 사랑의 대장정
기암괴석들 삼각파도를 품어주고
손잡지 못하는 바위 그림자
애틋한 그리움만 물살과 맞장을 뜬다
파도소리 쌓여 있는 바다 야적장 위로
뒤척이는 안개의 휘장이 걷히자
어느 전생에서 만난 아득한 얼굴인지
우람한 어깨가 바다를 지휘한다
수천 겹 나이테로 둘러싸인 절벽들이
히말라야처럼 버티고 서서
푸른 여백을 살찌울 동안
그대 목덜미에 한줄기 소나기 지나간다
폐부 깊숙이 파고드는 뱃길이

갈도 이야기 하얗게 풀어내면
하늘 향해 기도하는 촛대바위
간절함은 허공에 촛불을 켠다

거제도 왈츠

수선화 그림자를 터뜨리는 사월
공고지 가득
노란 하이힐 소리 울려 퍼진다
수목원 늑골 사이로
분홍빛 주의보는
대금산을 염탐하며
땅내 짙은 스캔들을 흩뿌린다
거가대교 가슴팍에 안겨오는
마리아 칼라스의 목청
컬러링으로 터져 나온다

요한 스트라우스의 춤추는 숲이
나무자전거에 실려
파란 피를 수혈할 동안
물관이 뚫리고
조선소 용접 불티가 자목련을 깨운다
견내량 초입부터 타오르는
꽃 잔치는 지금 활황(活況) 중

물오른 수채화 한 폭
계룡산 이마에서 펄럭인다

공곶이 들다

모래 숲 우거진 와현해수욕장
겨울 볕살이 파도 밭 뒹굴고
때까치 소리 바다를 들어 올린다
등 굽은 산길은
꽃잎 깔린 길섶에 앉아
붉은 살비듬 날리고 있다
휘모리로 떠도는 구름에 부딪혀
퍼덕이는 햇살의 몸부림
방파제 끝에서 부서지고
키 큰 파도는 낮별을 캔다
수평선 차고 오는 물비늘이
젖은 나비처럼 밀려와
몽돌 담벽 어깨를 세운다
비탈길에 잠든 수선화 사랑
하늬바람결에 깨어나면
향기 꺾인 산밭에
마른 숨소리 자욱하다
늙은 외로움이 키우는 해 그림자

종려밭 돌아 안섬 향해 가면
비껴 서는 바람눈 끝으로
날카로운 비명이 쏟아진다
살아 오르는 바다 아지랑이
물질하는 갈매기 날개 끝에서
아득한 해안선 한 채 끌고 온다

공곶이 오월

수선화 이우는 천둥소리
허공을 울리면
떨어진 꽃잎처럼
시드는 봄밤
도둑고양이 담 넘어 와
살진 어깨 위로
투두둑 보랏빛 등꽃이 진다
설익은 초록
연한 속살 스러지면

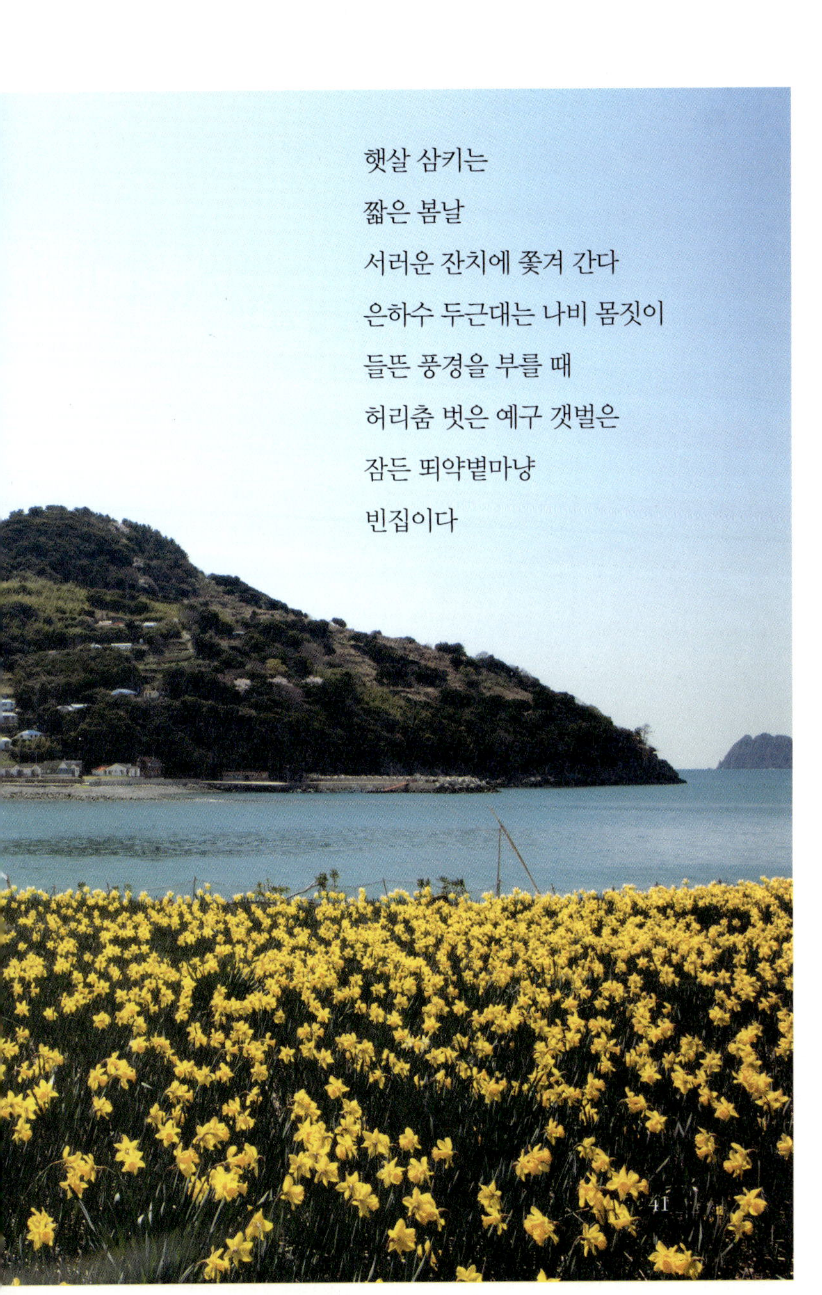

햇살 삼키는
짧은 봄날
서러운 잔치에 쫓겨 간다
은하수 두근대는 나비 몸짓이
들뜬 풍경을 부를 때
허리춤 벗은 예구 갯벌은
잠든 뙤약볕마냥
빈집이다

공곶이 팔월

물보라와 동침하는 수평선

중생대 햇살을 끌어당긴다

참나리 목덜미에 나부끼는 해무가

돌담을 넘어오면

비껴선 몽돌밭 돌아앉는다

담록색 캠퍼스 펼쳐

숲을 스케치하는 안섬

정오가

뜨거운 침묵을 배웅하고

힘살 뻗치는 종려 어깨에서

기생거미 더위를 깁는다

띠구름 뒤에 가려진 신화가

낮달 한 채씩 쌓아 올리면

파도가 되지 못한 동백숲이

카멜레온 등 빛으로

번득이는 물거품을 게워낸다

초록 화염에 싸인

수채화 한 폭

수목원 옆구리로 무너져 내릴 때

마네의 정원이 섬을 밀고 온다

제2부

옥포대첩

옥포동 산 1번지
으스름 깔린 누각 위로
적보랏빛 새벽노을이
태고의 적막을 걷어낸다
대승의 북소리 울려 퍼지는 옥포만
전승 깃발 쩌렁쩌렁 펄럭이면
하늘로 솟구치는 호령소리
난중일기 속에서 걸어 나와
태산을 옮길 듯
그때마냥 우렁차다
기둥마다 새겨진 충무공의 어록은
참배객의 발길을 부여잡고
옷깃을 여미는 바람 자락
번득이는 눈매가 예사롭잖다
임진의 첫 승전고 터져 나온 옥포해전
배롱나무 잎새 사이로 피어난 붉은 충정이
국사봉 등줄기 타고 올라
독도의 풍문 가르며 쓰시마해협을 노려본다

아직 끝나지 않은 거북선의 몸부림

멀리 현해탄 향해 기수를 세울 때

아름다운 땅 거제가 들썩거린다

외도일지 1

바다가 섬으로 올라와 춤을 춘다
지중해 물살 몇 장 풀어놓자
하얀 성벽 안에는
천상의 꽃들이 일제히 눈을 뜬다
초록은 사철 무르익어 향연을 펼치고
바다에 뜬 걸작 앞에서
겨울도 비껴가는 해상 낙원
꽃보다 아름다운 그대 이름 눈부시다
눈길 가는 곳마다 환호성이 피어나
시차에 적응한 디기탈리스가 손을 흔들고
꼬마도깨비 뿔을 단 가이즈카 향나무
여행객의 발목을 잡는다
피렌체 보볼리 정원이 멀리서
그대를 엿보기 하는 사이
번지점프를 해도
만나지 못하는 파도가
애꿎은 방파제에 몸을 던진다
눈매 선한 내도가 그리움 자아올리면

긴 팔 뻗어 마중물로 출렁이는 그대
동화의 마을을 돌아 나오면
도원경 속에 빠진 자화상은
사계절 봄빛이다

외도일지 2

섬의 빗장을 열면
휴식하는 안개가
식물원 어깨 위로 긴 숨을 내뿜는다
마법의 성을 휘감는 쪽빛 물살이
전망대 정수리를 물들이면
지중해의 하얀 지붕 아래
사계절 꽃 대궐은
언덕 가득 출렁인다
파도 등판에 실려 온
세레토닌의 눈금을 측정하자
보랏빛 멕시칸 세이지
산토리니 물빛을 당겨온다
느린 땅거미 노을을 펼치면
섬 가운데 솟아난 바다가
워싱턴야자의 그늘을 키우고
향나무 흐드러진 섬 언저리에서
어진 생명들 부풀어 오른다
벌새들의 시린 춤사위가

천국의 계단에 금줄을 치자
서이말 등대는 은빛 플루트를 연주한다
안섬 머리에서 초록 관(冠)이 타오르는 동안
꽃향기로 감긴 보름달은
부차트 가든을 해산한다

덕포리 연밭

무성한 개망초 휘어진 칠월이
뚝방 길에 흩어져 있다
진흙밭 위에 조등 내걸고
떨고 있는 홍련
뻘 속에 몸을 내린다

볕살 펴 올리는 하늘에서
낮달이 별을 선적한다
흙담에 기댄 호박넝쿨
고샅길 소문 감고 돌자
물살 깁는 옥포만 해풍이
수차를 굴린다

둥근 적막 한 겹씩
허공 길에 풀어놓으면
가시연 어깨에 노을빛 쌓이고
막배 놓친 땅거미
연잎 등판을 오른다

진한 세상 시름에
눈을 감는 저녁이면
그대 품속에 열반이 벙글어진다

산달도 여름

파도 옆구리에서
해무가 느리게 졸고 있는 아지랑 마을
장자의 꿈이 아득하게 피어난다
법동포구에서 불어오는 풍문이
회색빛 그리움을 풀어내면
포위된 호수는 물비늘을 게워내고
하늘은 바다와 동침을 한다
낮달이 숨죽이며 기웃대고
산 그림자 내려와 해안선을 누빌 때
잔잔한 수부 가슴에 뭇별이 돋아난다

길섶 넘보는 해당화 이마에
아침이슬 털어내는 파도소리
고샅길 올라와 푸른 귀 세우는 동안
일렬횡대 줄지어 선
양식장 부이의 눈부신 함성은
선착장 머리에서 나부낀다
질펀한 갯내음 물이랑에 실려

섬을 돌아 나오면
달팽이 느린 걸음 사이로
순박한 인정이 흐드러지게 일렁인다
그림자가 따라와 손을 내밀자
바지선에 실린 하얀 꿈들이
일제히 도라지꽃으로 날아오른다

지심도 기억

바다가 앉아 있는 꼬막 교실
칠판에서 파도소리 철썩거린다
물빛에 씻긴 아이들의 해맑은 웃음소리
오르간 건반 위로 뛰어다니고
해풍에 튀겨낸 오후 햇살은
스피커를 타고 온 동네 기어든다
골마루까지 올라온 방게 한 마리
열린 문틈 사이로 교실에 들어와
탐구생활 앞장에 제 그림자 옮겨놓고
졸린 눈망울 굴리며 별빛을 새긴다
두근거리는 갯내음 녹슨 폐문을 맴돌고
운동장 가득 넘쳐흐르는 발자국들
느티 그늘 아래 가쁜 날숨을 누빈다
폐교 앞둔 진단서
물오른 대왕동상 눈가에 여우비 머물고
나이 굽은 배롱나무 어깨에
떠돌이 구름 비껴 선다
바다를 팔아 살아가는 구멍가게 김씨

썰물이 부려놓은 물굽이 돌리며

저문 바람을 쓸어 담는다

선착장 등판에 살빛 생애가 넘실거린다

지심도 동백

파도가 뒤척이는 날은
섬이 타오른다
일렁이는 그림자 아래
무성한 발걸음 흩어지면
동박새 지심(只心)을 울린다
우거진 고샅길 열어주는 옷깃이
서도 허벅지를 감싸면
짙은 눈 화장 붉게 흘러내린다
떨어진 꽃무덤 사이로
피어나는 울음
검붉은 카펫 위에
단아한 입술 자국 쌓인다
길섶마다 찍혀 있는 동종소리
가슴 파고들면
적산가옥 어깨에 전갈자리 내려와
다홍빛 침묵을 말린다
동도 저쪽에서
다섯 손톱 불을 켜는
서이말 등대
달의 비문을 태우며
충혈된 빗방울 지피고 있다

봄날 지심도

붉은 꽃 그림자
푸른 꿈에 취해 비틀거린다
그대 향한 몸짓
파도를 온통 불 싸지르자
발갛게 상기된 이마가
수평선을 꿰차고 달린다
하얗게 질려버린 자갈밭
오색 스펙트럼 덧칠한 채
이월을 베어 물고 치솟으면
방파제까지 물오른 동백 노을
떠나온 중강진을 그리워한다

뭍으로 나와 구르는
열기 눈망울에
놀란 하늘이 펄럭인다
가두리 양식장
비릿한 그림자가
조우는 낮달을 좇아가면
귀퉁이로 밀려난 외도가
모래톱 위에 봄빛을 선적한다

제산 가는 길

풀무치 울음 삼킨
하현달 야위어 가면
가지 끝에 매달린 달무리 내려선다
벽오동 깊은 연민
잿빛 그늘 속으로 들어서자
숨죽인 달그림자 고개를 든다
달빛 자락 봄처럼 물오르면
눈부신 화관 쓴 나이테
하늘 향해 빛을 발하고
물기 마른 잎새 기웃거린다
무화과 어깨에서 무동 타는 때까치
허공 한입 쪼아 물고 맴돌 때
하루살이 노을빛
살비듬처럼 떨어진다
오동잎에 앉은 귀뚜리 울음
소롯길 적막을 키울 동안
가을 떠난 해 그림자
풋잠이 얇다

그믐달에 기댄 헐벗은 담장
일렁이는 겨울 외롭다

대금산 낮달

이른 새벽 쪽창 밖
어린 돌배나무 어깨가 꿈틀댄다
가지 끝동에서 깨어난 산 그림자
각혈하듯 쏟아내는
흐드러진 꽃 사태에 쫓겨 가면
참꽃은 물오른 추억을 풀어놓는다
휘어진 계곡 옆구리를 깁는
시방 길 오르는 새내기 지빠귀
밤낮 없는 둥근 입질에
주목나무 늙은 귓바퀴
굽 높은 소리 한 가락 뽑는다
느릿한 안개가
거가대교 난간에 아침 펴 올리면
잡목림 푸르게 달아올라
굳은 심장이 요동친다
유화 한 폭 게워내는 산봉우리
이수도 앞바다에 붉게 솟아오르자
늦잠 자는 낮달은

고목에 잇대어 입맛 축인다

몽돌해변에 뜬 팔월

밤바다가 몸부림치면
자르르 꽃 문 여는 소리 섬을 띄운다
휘어지는 수평선 끝자락에
붉은 인어들 거슬러 오르고
파도가 풀어놓은 비단 몇 만 필
달빛 속에서 검은 여의주를 토해낸다

물 숲에서 깨어난
파란 별빛들 걸어 나와
알몸으로 물굽이 돌리자
청아한 속살 둥근 세상을 노래한다

골든 스톤의 요염한 꽃송이들
구르고 굴러 신기루로 날아오른다

하늘과 바다의 협주곡이
어린 망상어 눈망울에 걸리면
쪽빛 나라 이야기들

뜬눈으로 새벽을 밝히고
차르르 차르르 녹음 중인 흑진주
달무리에 비껴가며 출렁인다

팔월은 몽돌해변에 여름을 풀어놓는다

칠천도 1

— 옥계해수욕장

새벽녘
적보라색 하늘이 바다 위로 쏟아진다
아침노을 발 담그는 순간
정자 아래 얼비치는 그림자
수상쩍다
화전산 삼각 봉우리가
물속에 잠겨
아래로
아래로
머리칼 풀며
자맥질하자
희뿌연 능라 자락
앞산 이마에 걸려 나부끼며
물 밑 세월과
내통을 한다
수면 위로 하나씩 돋아나는
부표 닮은 생(生)
흔들림에 몸을 맡긴 채
바위로 떠 있다
흔들려도 눈뜨지 않는
한 줄기 피리소리에
작은 우주의 아침이 들썩거리며 깨어난다

칠천도 2

섬은 연륙교 너머로
바다에 세 들어 산다
패랭이 볕살에 눈을 뜨는
졸음에 겨운 물안
해안선을 끌고 올 때
키 낮은 루드베키아가
노란 정오를 구워낸다

파도 등판에서
무동 타는 물살이
장안부락 소문 토해내면
허기진 갯내가
끊어진 도선을 기다린다
실전리 옆구리에서 손 내미는
손요한 박사의 공덕비 하나
들뜬 어촌의 상처를 어루만진다

멸치 떼 쫓아오는 어장막

저인망 그물에
구릿빛 낮달이 넘실대자
모래밭 하얀 적막 걸어 나오고
물때를 조율하는
소나무 바위 명왕섬
밀물에 걸려 있다

거가대교 1

개선문을 들어서면
무성한 하프 소리
바다목장을 적신다
가덕도 허리에 걸린 안개가
속도를 굴리는 동안
가변차선 난간으로
소렌토의 하늘이 쏟아진다
바퀴살에 감기는 해풍이
둥글게 부풀자
옥포대첩 끝에서 달려온
눈부신 혁명(革命)
허공을 받쳐든다
침매터널을 빠져나온 인어공주
코펜하겐을 뒤로하며
죽도 바위꽃에 취해 비틀거릴 때
근육질의 달빛이
해양의 젖줄을
골리앗 이마에 펌프질한다

거가대교 2

바다 깊숙이 거북선 길을 열자
독수리 눈빛은 물살을 가른다
뭇별이 줄지어 선 터널 품속으로
오로라가 눈부시게 달려 나가면
하늘을 떠받든
파이프 오르간의 목청이
돌아오라 거제아일랜드를 연주한다
노을 빛살에 나부끼는 라보엠
대금산에 쏟아지면
의장대 사열이 웅장하게 시작된다
돌핀의 후손들
공중에 페티코트를 입힐 때
빼어난 절세(絕世)의 각선미에
금문교가 외눈을 번득인다
쌍봉낙타 등판에서
뜨거운 신화가 펼쳐지는 동안
칠백 개 달이
다이아몬드 주탑 위로 내리꽂힌다

개망초 풍문

묵정논이 찬비에 젖는다
수태 못한 여자는
소나기구름 품은 채
직불금에 떠밀려 시들어간다
벼 한 포기 꽂지 못한 등판에
이앙기 소리 서럽게 엎드리면
민달팽이
말라버린 수로에서 제 몸을 굴린다
들판을 찢는 덩치 큰 풍문
빈집에 웅성거리고
엉겅퀴꽃
타버린 가슴을 보랏빛으로 울린다
무성한 땅내가 허공에 흩날릴 때
이글대는 숨소리 잦아들고
풀린 황소 눈빛 노을로 이글거린다
핏기 잃은 초승달
들길에 서성이면
수월리 포로수용소 땅 그림자가

택지개발 플래카드 어깨를 몰아친다
성난 띠풀 더미에 분홍빛 날숨 내뱉는 들녘이
서러운 하늘을 지킨다

제3부

폐왕성에 묶인 태양

담쟁이덩굴에 휘감긴 내력이
부풀어 오르면
이른 새벽을 적시는 불룩한 소 울음
어진 주인을 기억한다
돌부리 찍힌 하늘은
산방산 이마에서 펄럭이고
무성한 해송이 느린 걸음으로
성벽을 오른다
귓전을 훔치는 그때의 아우성 번져나는 동안
별살에 취한 테뫼식 성곽이
머리에 붉은 띠를 두르자
석재산성 위로 피어나는 아지랑이
저 혼자 타오른다
세월 깁는 텅 빈 눈가에
거제를 지켜온 고삐 묶인 산성은
푸른 들판 하나씩 풀어놓는다
둔덕을 일으켜 세우는 환한 종소리가
명치끝 파고들며 우두봉 자락을 뒤흔든다

홍포(虹浦) 아리랑 1

고삐 풀린 노을이 바다를 삼킨다
초록을 게워낸 하늘은
물 숲에 손 닿지 않아 외롭다
눈매 선한 섬들이
머리 맞대어 색깔 재기 하는
망산 무지개 포구
비단 수천 필 풀어놓은
여차만 돌아나가면
섬 속에 섬이 숨어
하얀 등판 보이며 숨바꼭질한다
수려한 추억은 가벼워
차라리 침묵 중
소병대도 어깨 사이로 얼비치는
우윳빛 군무 속에
꽃이 되지 못한 물보라
한 아름씩 피어나는 포말이
2막을 펼친다

바다 미술관엔
삼백 육십여 일
한 옥타브 낮은 파도가
문전성시를 이룬다

홍포(虹浦) 아리랑 2

푸른 책장을 펼치면
점점이 줄지어 선 시편들
물마루에
흰 모국어 몇 섬 부려놓는다
은빛 구름 위로 나부끼는
그대 이름이
백서향에 실려 오면
선 고운 대소병대도에
흰새덕이 신사
눈부신 고독을 타전한다

바다 위에 양떼구름 피어나면
하늘과
동침을 꿈꾸는 수평선
물 뼈가 일어나
제왕의 뜰을 거닐고
여차만 까치 노을
맨발로 무너진다

섬 끝자락에서 춤추는

안드로메다

오래된 별빛을 몰고 다닌다

구천댐

선자산
물머리가 만나는 곳에
아홉 마리 용이 산다
눈썹 흰 어미새 강둑에 앉아
해굽이를 돌리고
산벚나무 어깨 위로
햇살이 맨발로 서 있다
물줄기 우거진 강기슭
물그림자 밑에서 백주대낮
빙어 떼
물살과 몸을 섞는다
파랗게 질린 낮달이 소리치며
하늘 말아 세우자
때까치 울음 허공으로 밀려간다
수달은 회오리 몸짓에 놀라
물 숲에 얼굴을 묻고
공중에 매달린 아지랑이
댐의 심장으로 뛰어든다

북병산 진달래 꽃잠에서 깨어나
여린 배냇짓 칠 때
봄비에 살이 오른 땅내
물속에서 봄을 해산한다

조선소 1

해양의 숨결이 포효하는
바다 1번지
그대 꿈은
옥포만에서 영글고 있다
충무공 눈빛이 타오르는
봉수대 불꽃
시추호에 점화되자
오나시스의 질투가
엘엔지선 갑판에서 이글거린다

거제를 견인하는
국사봉 정기
아주골에 흘러내리는 동안
축배의 노래는
골리앗 크레인 눈썹에서 나부낀다
용트림하는 해상 플랜트 박동소리가
바다 숲을 부양하자
스크류 헤치고 떠오른 이천함 어깨에
장인의 땀방울 휘날린다
해양의 전설을 다시 쓰는 그대
도크 위의 경계가 무너지고
세상의 모든 길은 바다로 간다

조선소 2

신새벽
계룡산 어깨 아래
고현만이 뜨겁게 달아오른다
위풍당당한 행진곡이
장평 앞마당에 뿌려지면
울창한 자전거 행렬은
바지선 위를 질주한다
번득이는 레이저를 뿜어내는
포세이돈 눈빛이
요동치는 기계음의 꽃을 피우고
쇄빙 유조선은 빙산을 찍어낸다

이물 밑창에서 상생하는 물살이
거대한 바다의 신화를 쓰는 동안
조선의 맥박이 분수처럼 솟구친다
비둘기색 노역이 일궈내는
들뜬 깃발은
지중해 향해 팡파레를 울리면

해가 지지 않는 거제의 바다는
활짝 핀 크루즈호를 끌고 온다

가조도의 하루

바닷길은 푸른 물 숲을 쟁기질하며
지평선에 매달린다
는개바람 회오리에 몸살을 앓고
키 큰 햇살은 정오를 삼킨다
출항 앞둔 깃발이
선착장 가득
파랑주의보에 시달린 낮달 토해내면
거미줄에 걸린 원추리꽃
창호리 어깨에서 피어난다
주파수에 몸을 맡긴 안테나가
떨리는 날숨 내뱉자
기상캐스터의 오보 노랗게 쏟아진다
사월 눈발 대책 없이
길 위에 떠도는 동안
옥녀봉 지붕 위로
노을빛 무리지어 펄럭인다
연륙교 건너오는
기상청 특보

거제의 봄날은

아직

꽃바람주의보

발령 중

서이말 등대 1

흐린 산모롱이 돌아가면
집 떠나온 비구니
끝물에 매달린 햇살을 배웅한다
수평선이 긴 장삼(長衫) 말아 올리는 동안
지심도 자락에서 흩날리는 동백꽃잎
등불 켜고 외딴 문을 두드린다
휘도는 물살 위에 반짝이는 사랑
가슴팍 열어
방파제에 쌓여 있는
삼각파도를 잠재우고
따스한 숨결 갯바위에 펼진다
외로움 껴입은 원추리꽃
잠든 사이
떠돌이 구름 내려와 한나절 놀다 가면
해금강 건너온 물살 한 장
종려나무 등판에 나부낀다
하얀 그리움으로 서서
파도 위에 불빛을 새기는 동안
만선을 기다리는 눈빛
해거름 울창한 숲길에 펄럭인다

서이말 등대 2

하얗게 눈썹이 물든 그대는
파도 잠재우는 수도사
젖은 눈빛으로 뱃길을 연다
뭍을 등진 펭귄 옷자락
허기져 펄럭이고
멍든 가슴에 기도의 불씨를 피운다
방파제 뒤흔드는 갯바람이
헤어지는 불빛으로 일어서고
한나절을 적시는 도요새 울음
몇 만 필 바닷길 건너간다
새벽이 어둠 삼키며
출항의 등뼈를 세울 때
먼 포구는
출렁이는 기억의 잠을 하역한다
바다는 꼬리 치며
섬 하나씩 게워 올리고
뜬눈으로 부풀어 오르는 해안선
청동빛 속살을 껴안는다

몸부림치는 선착장은
떠나보낼 한 사람을 토해낸다

바람의 언덕

바람의 이력서를 펼치자
넉넉한 적막이 몸집을 키운다
라이브로 찾아와 연주하는 그대
휘파람 나부끼는 띠밭에 누워
하늘을 펼치면
캔버스 가득
허기진 관념이 날아오른다
침묵을 살찌우는 눈빛에
현이 굵은 그대의 목소리
거미줄에서 빠져나오면
에밀리 브론테의 영혼은
도장포 마을을 찾아온다
살풀이구름 떠난 바다 어두워져
상생의 그리움 돋아나고
심청가 완창을 끝낸
야윈 수평선
풍차 허리에 매달린다
달무리 등판에서 조율하는

바이브레이션

마파람에 감전되자 휘어진 길이

무성하게 일어선다

문동폭포에서

떨어지는 것은
언제나 비상을 꿈꾼다

거제의 박연을 만나러 가는 길
늦여름 비 찾아와
물 숲이 젖어 있다
삼거리 하늘이 열려
고막을 찢고
은하수는 빛살로 펼쳐져
풍류가 침묵에서 깨어난다
별빛 잠든 이끼 밭에
푸른 춤사위가 피어나면
물비늘 위에 나부끼는 가락
시조 한 수 물 계단을 오른다
섬 바위 껴안는 치마폭
물소리에 몸부림칠 때
펄럭이는 벼랑 아래
얼비치는 속살은 흰 달빛이다

하늘나리 물빛에 취해 비틀거리면
허공에 앉아 시름 벗는
애잔한 폭포의 숨결
물에 씻긴 천둥소리 단단하다

대구 축제

외포리 앞바다
하얗게 일어서는 섣달이면
대금산 기침소리 요란하다
금의환향하는 힘찬 손짓은
수부들 가슴팍에
이른 진달래로 눈을 뜬다
황금 띠 두른 외포항을 달구는
서부 총잡이
중매인 손가락 끝에
해일이 파도타기를 한다
신명 난 위판장 뜨겁게 끓어오르면
속살 오른 탐스런 지느러미
등골 따라 꿈틀댄다
카타르시스에 젖어
부릅뜬 눈망울 물살을 건너오자
삼키지 못한 득음
갯바람에 살아나
충혈된 바다를 끊임없이 토해낸다

바다의 귀족이 돌아오면

거제는 덩실덩실 춤을 춘다

다나까* 평원의 봄빛

나비는 환한 적막을 베고 있네
시계 초침이 국사봉 밀어 올리자
번데기는 벽 속에서 나갈 채비를 하네
터널 깊숙이 우주 하나 매달아
날개 품는 사랑
봄날은 고치의 숨결을 돋우네
달빛 삼킨 하늘이 일어서고
긴 겨울 풀리는 아픔에
새벽은 아득한 그리움만 풀어놓네
한 겹씩 피어나는 은하수
어진 배냇짓은 어둠 박차며
눈부신 들판을 낳네
열두 폭 어진 목숨
채마밭 내려앉는 발치에
장다리꽃이 눈썹을 내리고
낮달은 그림자를 키우네
게슴츠레 눈뜬 모나크나비
풀 먹인 햇살 머금어
고운 슬픔 자아올리네

---

* 연초면 임전리 건너편 바닷물이 들어오는 뚝방.

고향 오비

유년 시절
뻑새 울음으로
개동백 눈망울 깨어나던
진고랑 초입 동네
아담한 징기미가
싸리 소쿠리에 담겨 따뜻했다
魚비늘 뜨거운 은하수
바다 위에 펼쳐지면
뱃고동에 실려 온
섬마을 선생님 영화 한 편
선창가 공터가 달아올랐다
수줍은 해당화
검정 고무신 속에서 눈을 뜨면
아이들 귓불
풍선처럼 부풀었다

돌티미 떠나간 텃새들 이마에
노을빛 스칠 때

그림자 없는 지번들
기계음에 절여져
산성개의 침묵은 깊어간다
허기진 기억 뒤척일 동안
알츠하이머에 빠진 흑백 활동 사진
문저리* 등에 업혀 일렁인다

* 얕은 물가에서 줄낚시로 잡는 망둥어과 물고기.

절름발이 고개
— 고향 오비 곱단 고개

곱사등에 업혀 온
어린 그림자 뒤로
한낮의 실루엣이 기우뚱거린다

미끄럼 타는 기억을 따라
보랏빛 새떼가
두 방향으로 날아오르면
친구네 대장간을 지나
황토길 오르는
참새 숨결
소름처럼 돋아났다
키 낮은 비석 옆 곱단이 무덤가에
할미꽃 몇 송이
긴 목 떨군 채
고사리 손에 끌려왔다

스크류 풀어진
종이배 한 척

방게 걸음으로 감기면

그대 봄은

아직

실눈을 뜨고 걸어온다

제4부

청마 생가

말발굽에 감기는 바람
노자산 푸른 옷자락을 적신다
견내량 물빛에 잠겨
해맑게 씻긴 볕살
돌담에 켜켜이 쌓이고
나부끼는 모음은
폐왕성을 끌고간다
마을 어귀 묵은 팽나무 등피에
그대 이야기 흐드러지고
시혼(詩魂) 따라 흘러온 백 년
여섯 폭 하늘이 들썩인다

뿔테 안경 속에 이글대는 오로라
둔덕 앞산을 태우고
명치끝에 핀 맨드라미 붉게 뒤척이면
뱉지 못한 묵언 용마루를 울린다
글밭 내리치는 천둥소리가
오후를 채찍질하고

멀리 차밭골 향하는 그리움
중년의 발자국을 깨운다
끝없이 펼쳐진 무성한 벙어리 별자리 뒤로
은하수 이랑 지어 건너간다

소병도 동백

해금강 길목
꽃그늘 아래 염소 한 마리 누워 있다
옹이진 나무 둥치에 묶인 몸놀림은
꽃을 닮아
순한 눈망울 굴리며 볕살을 끌어당긴다
뭍에서 건너온 애틋한 기운이
바다 속 물너울에 일렁이면
숨 막히는 생애
소병도 옆구리에 와서 부서진다
노자산 술렁이는 꽃등 행렬에
떨어지는 붉은 천둥소리
먹빛 풀어내는 가슴 이내 꽃빛 되고
여린 이파리 해종일 삼키는 입놀림은
단내 게워내는 그림자에 흥건히 젖는다
섬 자락 돌아 나오는 물굽이에서
분홍빛 무동 타는 해풍이
몸부림치는 남녘 하늘 잠재우자
환생을 꿈꾸는 어진 기다림

여차고개 마루
참꽃 얼굴로 터져 나온다.

국제 펭귄수영 축제

그린란드의 일월 덕포해수욕장
물살을 가르는
펭귄들 질주가 시원하다
출발을 알리는 축포가 허공을 수놓으면
추위 잊은 블랙화이트의 무리
짙푸른 물 숲과 따뜻한 동침을 한다
국적을 초월한 반라(半裸)의 겨울새들
황금광어 등판에서 퍼레이드를 펼치자
물장구치는 파도는 백사장과 어깨를 맞춘다
바다가 숨비소리 내며 부풀어 오를 때
해조음에 갇힌 하늘이 차일을 벗고 나와
물속으로 공중제비를 넘는다
겨울이 힘차게 부르는 노래
살아 숨 쉬는 남쪽바다 품으로
돌아오라!
수면 위로 피어나는 꽃송이들
고래 등같이 번쩍이는 풍문들
신비의 맛을 간직한 쪽빛이

해안선 언저리마다 즐비하게 직조되어
알타미라 벽화를 새겨놓고 돌아온다

노역의 꿈

— 조선소 용접공의 하루

으스름 깔린 거리가
자전거 바퀴에 휘청거리면
잠에서 덜 깬 플라타너스 잎새
광장 분수대에 매달린다
허기진 새벽 참새들
달빛 목청을 탐하고
이글거리는 화톳불 앞에서
어깨 처진 새벽 하현달
모닝커피 한 잔으로 달랜다
번득이는 일감이
안전모에 담겨 오면
집 나간 반달 살풋 떠 있고
문고리 잡는 그림자 서성인다
굳은살 박인 가슴에
얼룩진 고지서들이
용접 불티 속에 나부낄 때
돌아앉은 개밥바라기별 들썩인다
조선소 돌아 나오는 뒷길에

어둠 밀어내는 햇살 한 조각
질경이 꽃대궁 환하게 피워 올린다

여차리 풍경

젖은 신발을 말리는
바다 깊은 아침
보랏빛 물살을 일으키는 여자가
파도를 쌓아 올리면
몽돌 꽃 지천으로 피어 있는
페르시안 카펫 위로
가을 들이킨 하늘이 떠 있다

바닷새가 해조음 뱉어내자
산 그림자 하나씩 솟아오르고
발길 끝나는 물이랑에
쥘부채 펴는 호랑나비 한 쌍
향기 없는 푸른 꽃잎 속에서
수장한 혼을 부른다

영화의 고향 뜨락에 흐르는
지평선이 불꽃을 토하면
철부지 바다는 그리움 몇 겹 밀고 온다

몸부림치는 물주름 사이로
쪽빛 조약돌 떼 지어 일어서고
붉은 도포 자락 펄럭이며
홍포의 아침이 말갛게 피어난다

대소병대도 1

두루마리를 펼치는 순간
바다는 별들의 군무로 휘어진다
망산의 지휘봉 아래
은하수 뿌려진 무대 위로
끝없이 펼쳐진 코발트블루 사랑은
뭍을 향한 노래로 넘실거린다
옥색 비단 수만 필 깔아놓은 물마루에
격조 높은 독일 병정의 사열이
화려한 침묵을 태운다
로렐라이 언덕도 비껴갈 눈부신 자태
그대 앞에서 조나단은 날개를 접고
情中動
몽환적인 비경은
열네 폭 병풍 속에서
은빛 파라다이스를 게워낸다
운무 속 흐트러짐 없는 단아함
수행자의 삶을 대변하듯
가부좌 튼 주임새가 선경이다

忙中閑

환생한 장자의 나비 한 쌍
뱃길 따라 나섰다가
물길 따라 돌아서면
산봉우리에 걸린 수평선이
예순여 개의 섬을 끌고 온다

대소병대도 2

— 망산 일몰

레드카펫이 깔린 홍비단 시배지
바다 갤러리엔 그대가 있어 외롭지 않다
수려한 그림자마저 돌아앉는
불타는 몸짓 앞에서
노을은 황제 옷으로 갈아입고
최후의 만찬을 시작한다
구름 사이로 쏟아지는 빛들의 축제
찬란한 사이키조명이 부챗살로 퍼지자
숨죽인 듯 기도하는 그대의 묵언은
아득한 태고의 신비를 풀어내는 중
묵시록 펼치는 석양의 언약이 장엄하다
화염에 싸인 수평선은 섬을 삼키고
은밀한 축제에 초대된 그대
홍포로 갈아입는다
세상이 너무 뜨거워
온몸을 불사르는
한 번뿐인 고해성사
잉걸불로 타는 그대의 옷자락이

하늘계단을 오른다
붉은 아지랑이 속에 닻을 내린 바다가
황금빛 역사로 차오른다

이목수몰지대

대금산 진달래 눈을 뜨면
물에 잠긴 돌장승
가쁜 숨을 몰아쉰다
빈집에
새살림 차린 모래무치 떼
불빛 찾아 모여들고
잠자는 우물이
앙상한 이끼를 키운다
자작나무 살갗에
하얀 티티새 입 맞추면
옷깃 여미는 천곡이
유리 상자에 담겨
느린 물살 속에 타오른다
주인 잃은 늙은 개가 울부짖고
머리 푼 물풀
손짓하는 동안
삭은 가슴 물속 집을 건져내
적막으로 덧칠된 벽을 깨운다

쓸쓸한 땅 누비는 치어 한 마리
은하수 허리춤 밀고 오자
도천골 들판이 흔들린다

바다목장 1
— 거제도 멸치 이야기

바다가 몸 푸는 봄날이면
작은 몸놀림이 당차게 거제도 앞바다를 수놓는다
누가 말했던가
뼈대 약한 가문의 자손이라고
어탐선 불빛 아래 모여드는 군단은
바다의 어린왕자
정치망 그물 속에서 파닥거리는 성질이 유순하다
먹이 찾는 갈매기 떼 가공선에 날아들면
풍어를 알리는 집채만 한 연기가 탐스럽다
식탁에서 빠질 수 없는 너는
어느 기름진 음식보다 단아하여
밝은 빛을 좋아하고
백의민족의 입맛을 살찌워 왔다
크기에 맞춰 항렬별로 나눠지는 계보는
집안의 품격을 높여주며
칠천도에서 외포항으로
예구바다에서 둔덕포구로
빼어난 몸매는 푸른 목장을 누빈다

기본기 단단한 먹거리는
계절 없이 주연급
청정한 인기는 뭍으로 나올 때 빛을 발한다
맑은 물살이 모천(母川)인 너의 텃밭은
거제의 은빛 바다

바다목장 2
— 멍게 비빔밥

봄보다 먼저 담을 넘는
바다 꽃이 붉게 탄다
오송마을 물 숲에
흐드러진 꽃 타래
막 건져 올리면
벙글어진 봄소식 따라
살풋 얼린 숙성된 살점들
한입 베어 문 꽃잎은
혀끝에서 단내를 피운다
달뜬 입소문에
멍게 볼 살이 올라
향긋한 내음은
계절 없이 얼굴을 내민다
동백꽃망울이
물속까지 내려가
꽃 대궐 이루면
왕관 쓴 자태
뭍에서도 성골(聖骨)급이다

진상이 따로 있나
이미 입속은
봄날인데

바다목장 3
— 아귀찜

어물전 좌판에 눕기 전까지는
검은 등뼈가
해일을 목에 걸고 누비었다

집채 하나 삼킬 듯한 아가리 벌름대며
문틈으로 분수대 물줄기 쏘아본다
파도타기 버릇에
눈알이 붉어지고
물살에 끼인 지느러미
엎드린 파도를 하얗게 일으켰다
뜨거운 번철 위 세상은
이글거리는 아귀다툼의 불바다
멀어져간 물보라 찾아 헤맬 때
본관마저 잊어버린
알츠하이머에 빠져들었다
터져버린 속살은 매운 산으로
난도질된 생을 풀어놓았다
동지나해 수평선 게워내며

트롤선 옆구리에 부딪쳐 동강나고
질펀한 소문 녹아난 육수는
먼 파도소리 되어 출렁거렸다
저인망 그물에 걸려 파닥이는 햇살
맛깔스럽게 되새김질하는 사이
살점들
목젖 끝에 진주로 영근다

맹종죽 테마파크

푸른 도포 자락 끝에
갯내 펄럭이는 하늘이 매달려 있다
창창하게 뻗은 푸른 뼈마디 사이로
선비의 퉁소소리 거제의 아침을 깨우면
질긴 발부리 용등산 줄기에 실핏줄을 내린다
코끝을 스치는 서슬 깊은 향기가
힐링의 날갯짓으로 날아오르고
솟구치는 음이온이 길목마다 앉아 있다
길섶마다 쉼표가 찍혀 있는 오름길
웰빙의 역사를 다시 쓰는 한 권의 노트 속에
올곧은 기상이 휘날리고
귓전을 훔치는 댓잎 소리
타임캡슐에 실려 세월을 거슬러 오른다
갈색 고깔모자 눌러쓴 죽순들이
대숲에서 어린왕자마냥 꿈을 꾸면
키가 자라지 않는 유년이
공중 높이 그네를 띄운다
느린 미학이 달팽이 등판에서 일어설 때

바람을 깨우는 청대의 몸부림
조선의 얼을 잉태하고
긴 몸통의 붓 한 자루 검푸른 먹물 찍어
문풍지에 얼비치는 달빛을 쓸어내린다
와항부락 돌아 나오는 짙은 그림자가
바다 위에 일필휘지 내리꽂힌다

윤돌섬 지나는 시월

길섶 따라
붉은 사유 나부끼는
풀벌레 소리
꽃무릇 발치에 타오른다

바다가 게워내는 쪽빛 수묵화
하얗게 밀려오면
은빛 데칼코마니 무성하게 일어선다
파도를 당기는 구실잣밤나무
썰물로 건너와
망치마을 기웃거리면
휘어진 별빛 아래
자태 고운 그대
수화를 건네온다
흔들리는 수평선이
통증을 풀어내면
몸부림치는 포말 위로
뭍의 그림자 출렁이고

물에 빠진 바닷길이
비릿한 전생을 끌고 온다
물 건너 구조라해수욕장 얼굴에
구릿빛 적막이 얼비칠 때
유폐된 사춘기
깊은 안개 속에서 깨어난다

봄 도다리

지심도 깨우는 동백
부엉이 눈망울로 붉어지면
갈곶리 바다
깊은 잠 빠져 있는 풋 도다리는
바위 틈새 내려온 볕살에 실눈을 뜬다
봄철 푸른 물살 속 제왕
뭍에서 불어오는 쑥 내음에 취해
등짝마다 돌 꽃무늬 새기며 꿈틀거린다
두근거리는 물 숲에 살이 올라
봄 깨 서 말 건져 식탁에 올리면
하얀 언어(言語)는 요동친다
듬성듬성 뼈째로 썰어
입안에 넣는 순간
대금산 진달래 파르르 깨어난다
손바닥만 한 몸매
가문의 격이 오른 도씨네
융숭한 입소문 꽃피듯 무르익어
물길 헤집는 지느러미 술렁거리고

물비늘 반짝이는 물보라 한 장 앞세운다.

도다리 쑥국

풋기침소리 갈곶이 돌아오면
꽃잠에서 깬 도씨네 문살
애기분홍 단청으로 일렁인다
봄 소문에 놀란 어린 쑥
수상한 물빛에 배냇짓하면
플라시도 도밍고의 하늘이 열리고
허벅지 물살 뭍을 오른다
봄 한철 식탁은
큰 섬 눈썹에서 휘날리고
입맛 풀어내는 도가네 발목
거가대교 문지방을 달군다
대금산 진달래
깨금발로 몸살 앓으면
풀물 게워내는 휘파람새
입가에 쑥 내음 날아오른다
수평선 끌고 온 성포 어판장
새벽 달무리에 봄빛 쏟아지자
합창하듯 속살이 터진다

후기

내 글의 나침반은
바다와 그리움
그리고
아버지

바다는 내 글의 모천(母川)이었고
그리움은 내 글의 씨앗이었으며
아버지는 내 글의 고전이었다.

내가 태어나고 자란 거제도
사회 첫 발령지 욕지도
그리고 통영과 영도
바다를 떠난 적은 한 번도 없었다.
바다는 언제나 설레는 섬이었다.
섬이 바다에 떠 있는 것이 아니라
바다가 섬 가운데 떠 있었다.

그리움의 씨앗은

별이 뜨면 별빛 속에서 피어났고
바람 불면 바람결에 잉태되어
가슴의 빗장을 두드렸으며
여름날
봉숭아 꼬투리 속에서
숨죽인 활화산 같은 이글거림
늘 두근거리는
첫사랑 닮은 무채색이었다.

그립고 아름다운 것은
등 뒤편으로 보인다
동백의 뒷모습을 사랑한 아버지
삼십 년 전
송이째 떨어진 동백꽃을 주워
늘 신발장 위에 올려놓으셨다.
예쁘지도 않은 동백꽃이라고
투정하는 내게
당신께선

뒷모습이 단아하여 아름답다고 하셨다.

시간이 흘러

·

·

·

지금의 동백꽃은

내게

또 하나의 고전이 되었다.

바다도

그리움도

아버지도

모두 내게는 아름다운 고전이 되었다.

이 도서의 국립중앙도서관 출판시도서목록(CIP)은 서지정보유통지원시스템 홈페이지(http://seoji.nl.go.kr)와 국가자료공동목록시스템(http://www.nl.go.kr/kolisnet)에서 이용하실 수 있습니다.(CIP제어번호: CIP2013018891)

문학의전당 시인선 163

거제도 시편

초판 1쇄 인쇄 2013년 9월 28일
초판 1쇄 발행 2013년 10월 7일
지은이 정경미
펴낸이 김석봉
책임편집 이현호
디자인 조동욱
펴낸곳 문학의전당
출판등록 제311-2012-000043호
주소 서울시 은평구 연서로11길 7-5 401호
편집실 서울시 마포구 공덕2동 404 풍림VIP빌딩 413호
전화 02-852-1977
팩스 02-852-1978
블로그 http://blog.naver.com/mhjd2003
전자우편 sbpoem@naver.com

ISBN 978-89-98096-44-1 03810